Impressum
Verlag: BABADADA GmbH, Nedderfeld 112 , 22529 Hamburg
Geschäftsführer / Verlagsleitung: Harald Hof
Druck: Books on Demand GmbH, In de Tarpen 42, 22848 Norderstedt

Imprint
Publisher: BABADADA GmbH, Nedderfeld 112 , 22529 Hamburg, Germany
Managing Director / Publishing direction: Harald Hof
Print: Books on Demand GmbH, In de Tarpen 42, 22848 Norderstedt

la escuela
school

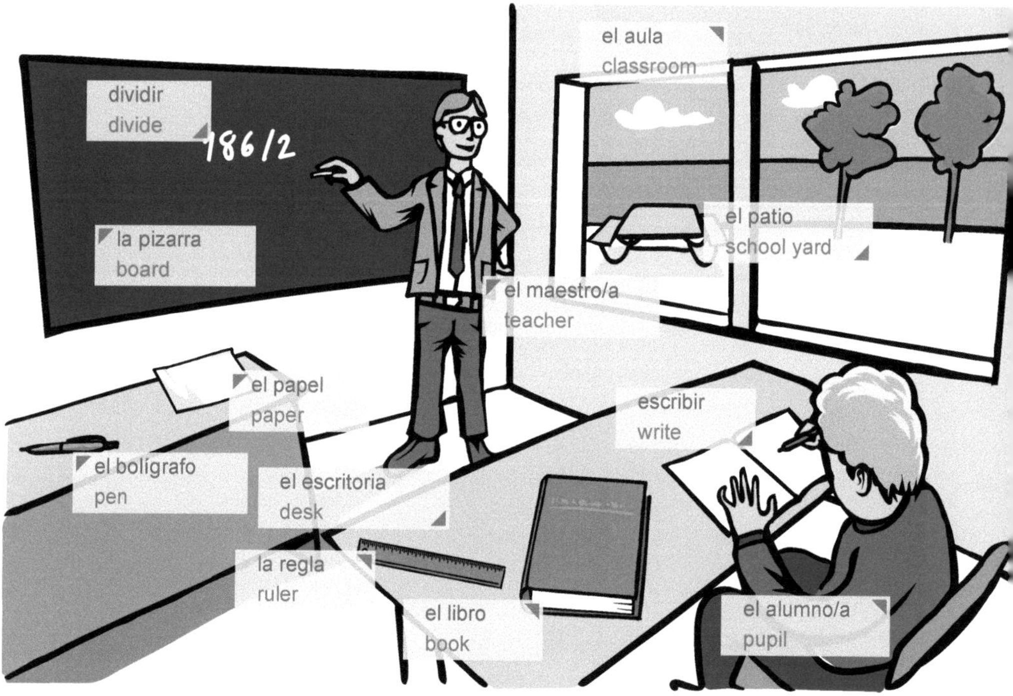
el aula
classroom
dividir
divide
186/2
la pizarra
board
el patio
school yard
el maestro/a
teacher
el papel
paper
escribir
write
el bolígrafo
pen
el escritoria
desk
la regla
ruler
el libro
book
el alumno/a
pupil

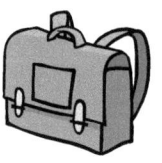

la cartera

satchel

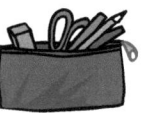

la caja de lápices

pencil case

el lápiz

pencil

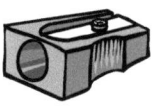

el sacapuntas

pencil sharpener

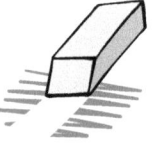

la goma de borrar

rubber

el cuaderno de dibujo

drawing pad

el dibujo

drawing

el pincel

paintbrush

la caja de pinturas

paint box

las tijeras

scissors

el pegamento

glue

el cuaderno de ejercicios

exercise book

los deberes

homework

el número

number

sumar

add

restar

subtract

multiplicar

multiply

calcular

calculate

la letra

letter

el alfabeto

alphabet

la palabra

word

la escuela - school   3

el texto

text

leer

read

la tiza

chalk

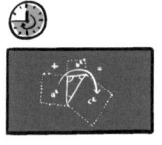

la lección

lesson

el cuaderno de notas

register

el examen

examination

el certificado

certificate

el uniforme

school uniform

la educación

education

la enciclopedia

encyclopedia

la universidad

university

el microscopio

microscope

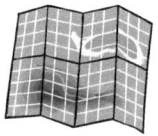

el mapa

map

la papelera

waste-paper basket

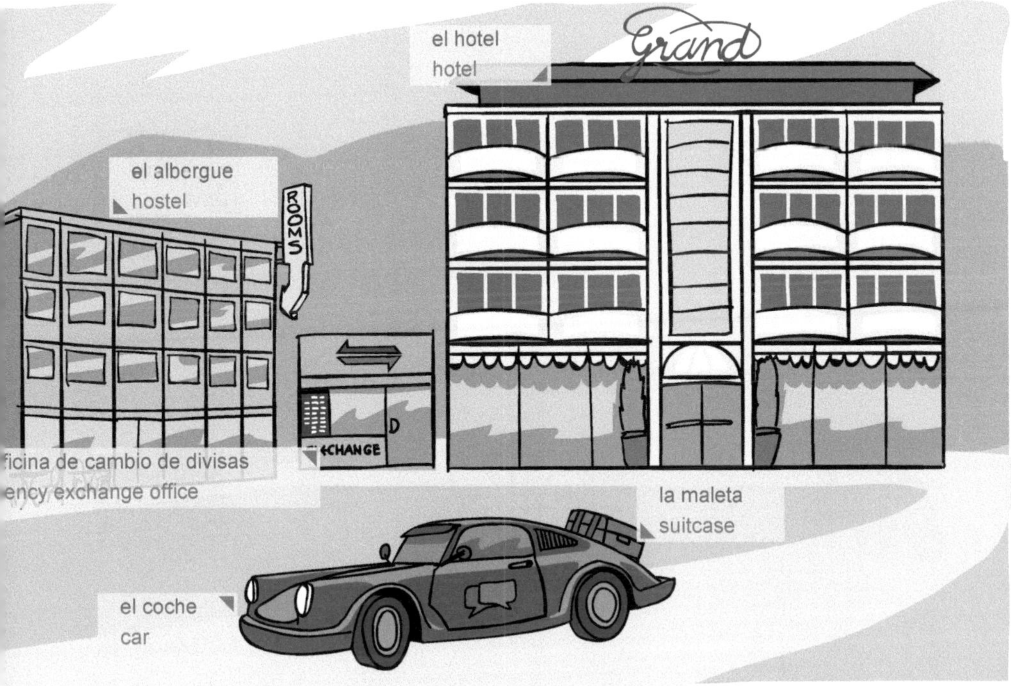

el hotel
hotel

el albergue
hostel

ROOMS

EXCHANGE

oficina de cambio de divisas
currency exchange office

la maleta
suitcase

el coche
car

el idioma
language

sí / no
yes / no

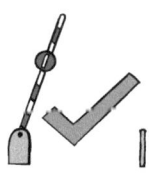

Vale
Okay

hola
hello

el traductor
translator

Gracias
Thank you

¿cuánto es...?

how much is...?

No entiendo

I don´t get it

el problema

problem

¡Buenas tardes!

Good evening!

¡Buenos días!

Good morning!

¡Buenas noches!

Good night!

adiós

goodbye

la dirección

direction

el equipaje

luggage

la bolsa

bag

la mochila

backpack

el invitado

guest

la habitación

room

el saco de dormir

sleeping bag

la tienda de campaña

tent

el viaje - travel

a información turística

tourist information

la playa

beach

la tarjeta de crédito

credit card

el desayuno

breakfast

el almuerzo

lunch

la cena

dinner

el billete

Ticket

el ascensor

elevator

el sello

stamp

la frontera

border

la aduana

customs

la embajada

embassy

la visa

visa

el pasaporte

passport

el transporte
transport

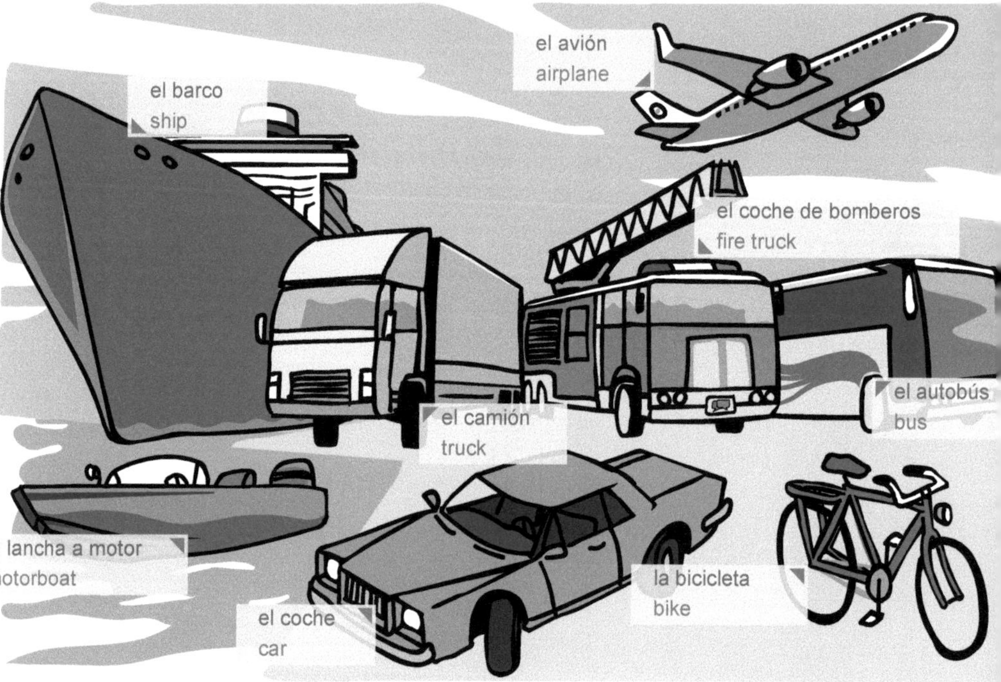
el avión
airplane
el barco
ship
el coche de bomberos
fire truck
el autobús
bus
el camión
truck
la lancha a motor
motorboat
la bicicleta
bike
el coche
car

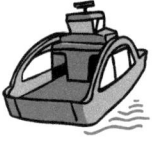

el transbordador

ferry

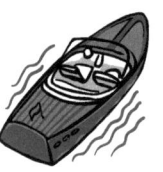

la barca

boat

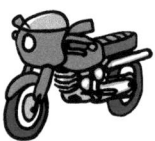

la moto

motorbike

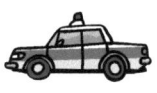

el coche de policía

police car

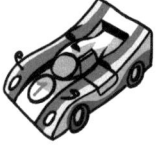

el coche de carreras

racing car

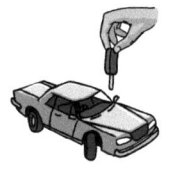

el coche de alquiler

rental car

préstamo de vehículos

car sharing

la grúa

tow truck

el camión de la basura

garbage truck

el motor

engine

la gasolina

fuel

la gasolinera

fuel station

la señal de tráfico

traffic sign

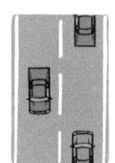

el tráfico

traffic

el atasco

traffic jam

el aparcamiento

parking lot

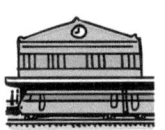

la estación de tren

train station

las vías

tracks

el tren

train

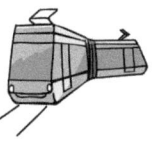

el tranvía

tram

el vagón

wagon

el helicóptero

helicopter

el aeropuerto

airport

la torre

tower

el pasajero

passenger

el contenedor

container

la caja de cartón

carton

la carretilla

cart

la cesta

basket

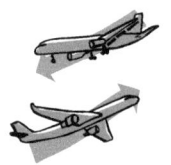

despegar / aterrizar

take off / land

la ciudad
city

el pueblo

village

el centro de la ciudad

city center

la casa

house

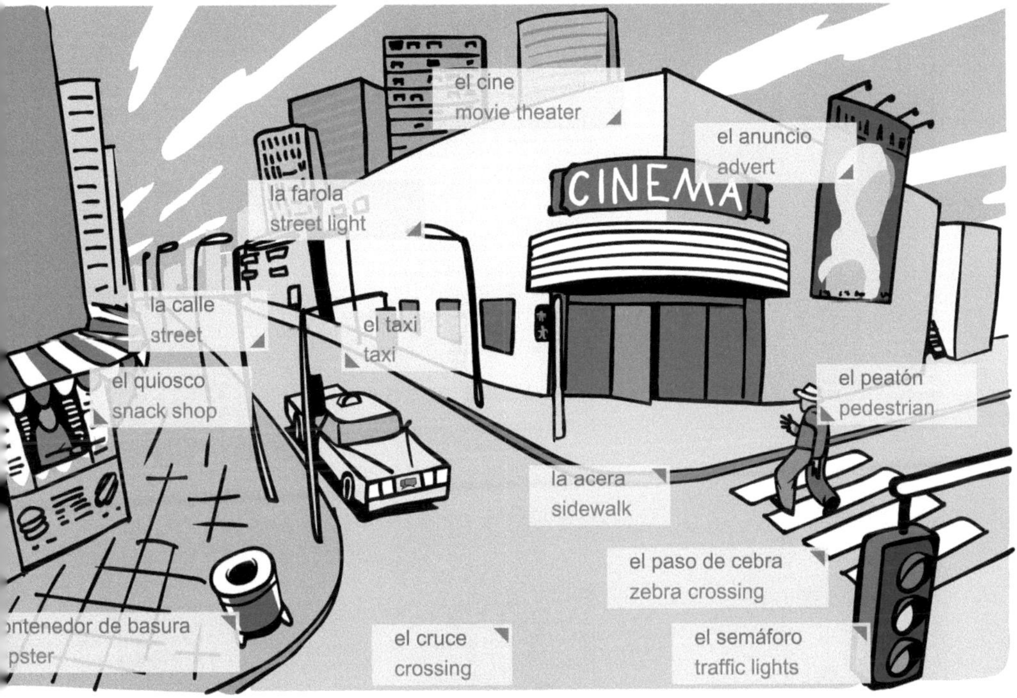

CINEMA
el cine
movie theater
el anuncio
advert
la farola
street light
la calle
street
el taxi
taxi
el quiosco
snack shop
el peatón
pedestrian
la acera
sidewalk
el paso de cebra
zebra crossing
ntenedor de basura
pster
el cruce
crossing
el semáforo
traffic lights

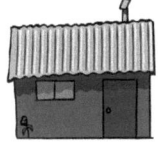

la cabaña

hut

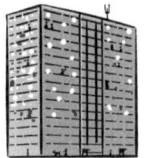

el apartamento

apartment

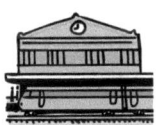

la estación de tren

train station

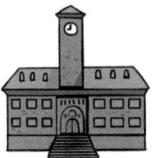

el ayuntamiento

city hall

MUSEUM

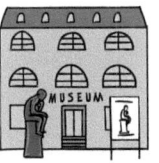

el museo

museum

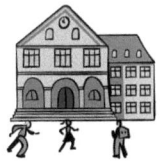

la escuela

school

la universidad

university

el banco

bank

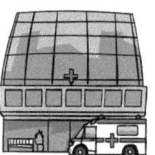

el hospital

hospital

el hotel

hotel

la farmacia

pharmacy

la oficina

office

la librería

book shop

la tienda de campaña

shop

la floristería

flower shop

el supermercado

supermarket

el mercado

market

los grandes almacenes

department store

la pescadería

fishmonger's shop

el centro comercial

mall

el puerto

harbor

el parque

park

el banco

bench

el puente

bridge

las escaleras

stairs

el metro

subway

el túnel

tunnel

la parada de autobús

bus stop

el bar

bar

el restaurante

restaurant

el buzon

postbox

el poste indicador

street sign

el parquímetro

parking meter

el zoo

zoo

la piscina

swimming pool

la mezquita

mosque

la granja

farm

la contaminación

pollution

el cementerio

cemetery

la iglesia

church

el patio de juego

playground

el templo

temple

el paisaje
landscape

la hoja
leaf

la señal
signpost

el camino
path

el prado
meadow

la piedra
stone

el excursionista
hiker

el árbol
tree

el río
river

la hierba
grass

la flor
flower

el valle
valley

la colina
hill

el lago
lake

el bosque
forest

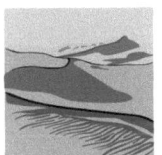

el desierto
desert

el volcán
volcano

el castillo
castle

el arcoíris
rainbow

el champiñón
mushroom

la palmera
palm tree

el mosquito
mosquito

la mosca
fly

la hormiga
ant

la abeja
bee

la araña
spider

el escarabajo

beetle

la rana

frog

la ardilla

squirrel

el erizo

hedgehog

la liebre

hare

la lechuza

owl

el pájaro

bird

el cisne

swan

el jabalí

boar

el ciervo

deer

el alce

moose

la presa

dam

la turbina eólica

wind turbine

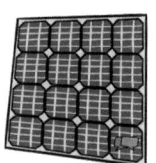

el panel solar

solar panel

el clima

climate

el restaurante
restaurant

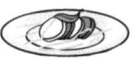

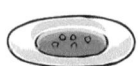

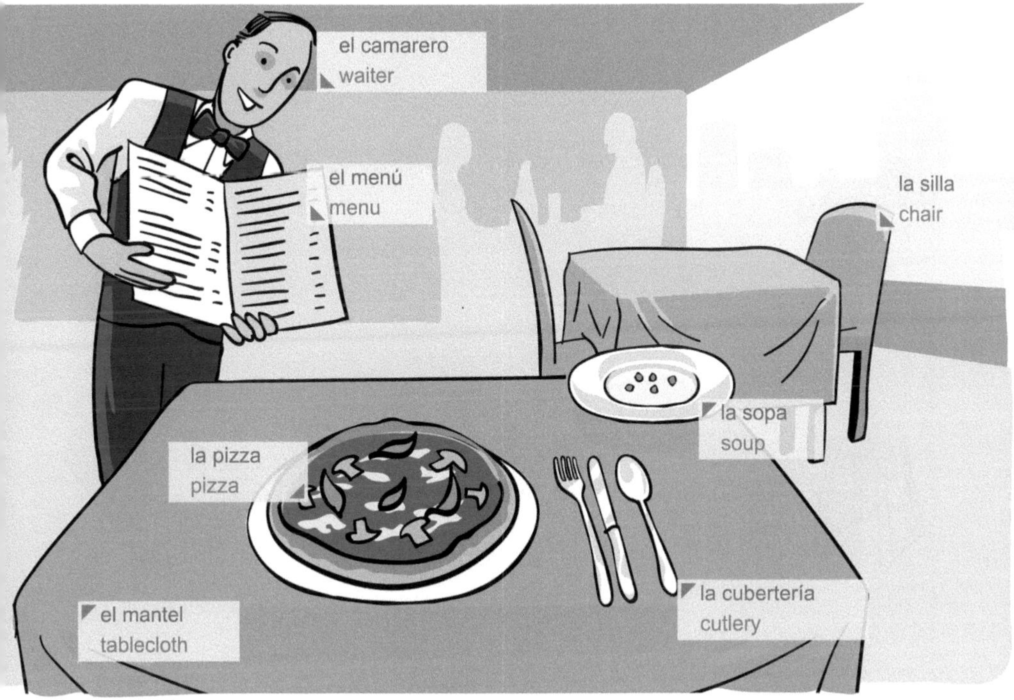
el camarero
waiter
el menú
menu
la silla
chair
la sopa
soup
la pizza
pizza
la cubertería
cutlery
el mantel
tablecloth

el primer plato

starter

el plato principal

main course

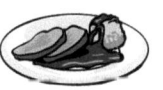

el postre

dessert

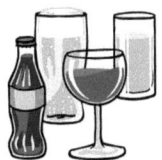

las bebidas

drinks

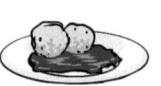

la comida

food

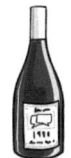

la botella

bottle

la comida rápida

fast food

la comida callejera

street food

la tetera

teapot

el azucarero

sugar bowl

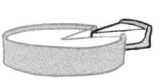

la porción

portion

la cafetera expreso

espresso machine

la trona

high chair

la cuenta

bill

la bandeja

tray

el cuchillo

knife

el tenedor

fork

la cuchara

spoon

la cucharilla

teaspoon

la servilleta

serviette

el vaso

glass

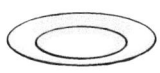

el plato
plate

el plato hondo
soup plate

el platillo
saucer

la salsa
sauce

el salero
salt shaker

el molinillo de pimienta
pepper mill

el vinagre
vinegar

el aceite
oil

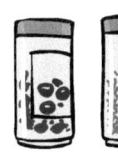

las especias
spices

el ketchup
ketchup

la mostaza
mustard

la mayonesa
mayonnaise

el supermercado
supermarket

la oferta especial
special offer
el cliente
customer
FOR
los lácteos
dairy products
la fruta
fruit
el carro de compra
shopping cart

BUTCHERS

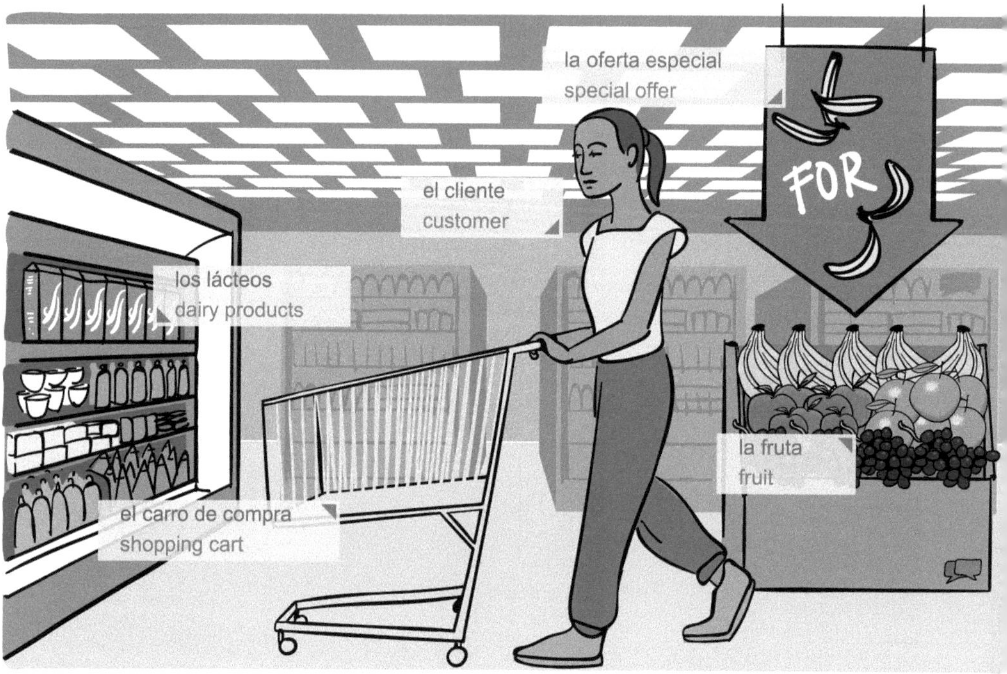

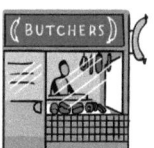

la carniceria

butcher's shop

BAKERY

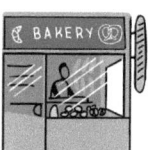

la panadería

bakery

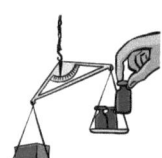

pesar

weigh

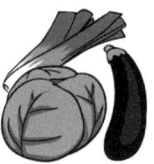

las verduras

vegetables

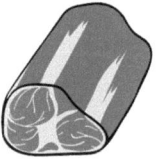

la carne

meat

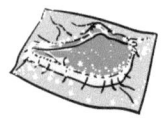

los alimentos congelados

frozen food

los fiambres

cold cuts

las conservas

canned food

el detergente en polvo

detergent

los dulces

candy

productos de uso doméstico

household products

productos de limpieza

cleaning products

la vendedora

sales representative

la caja de cartón

cash register

el cajero

cashier

la lista de la compra

shopping list

el horario de atención al público

opening hours

la cartera

wallet

la tarjeta de crédito

credit card

la bolsa de plástico

bag

la bolsa de plástico

plastic bag

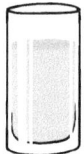

el agua

water

el zumo

juice

la leche

milk

la cola

coke

el vino

wine

la cerveza

beer

el alcohol

alcohol

el cacao

cocoa

el té

tea

el café

coffee

el expreso

espresso

el capuchino

cappuccino

el plátano

banana

la manzana

apple

la naranja

orange

el melón

melon

el limón

lemon

la zanahoria

carrot

el ajo

garlic

el bambú

bamboo

la cebolla

onion

el champiñón

mushroom

las avellanas

nuts

los fideos

noodles

las espagueti

spaghetti

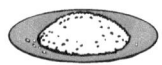

el arroz

rice

la ensalada

salad

las patatas fritas

fries

las patatas fritas

fried potatoes

la pizza

pizza

la hamburguesa

hamburger

el sándwich

sandwich

el filete

escalope

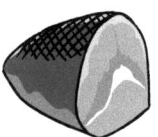

el jamón

ham

le salami

salami

la salchicha

sausage

el pollo

chicken

el asado

roast

el pescado

fish

los copos de avena

porridge oats

el muesli

muesli

los copos de maíz

cornflakes

la harina

flour

el cruasán

croissant

el panecillo

bread roll

el pan

bread

la tostada

toast

las galletas

cookies

la mantequilla

butter

la cuajada

curd

el pastel

cake

el huevo

egg

el huevo frito

fried egg

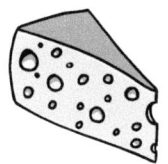

el queso

cheese

la comida - food

el helado

ice cream

el azúcar

sugar

la miel

honey

la mermelada

jelly

la crema de turrón

nougat cream

el curry

curry

la comida - food

la granja
farm

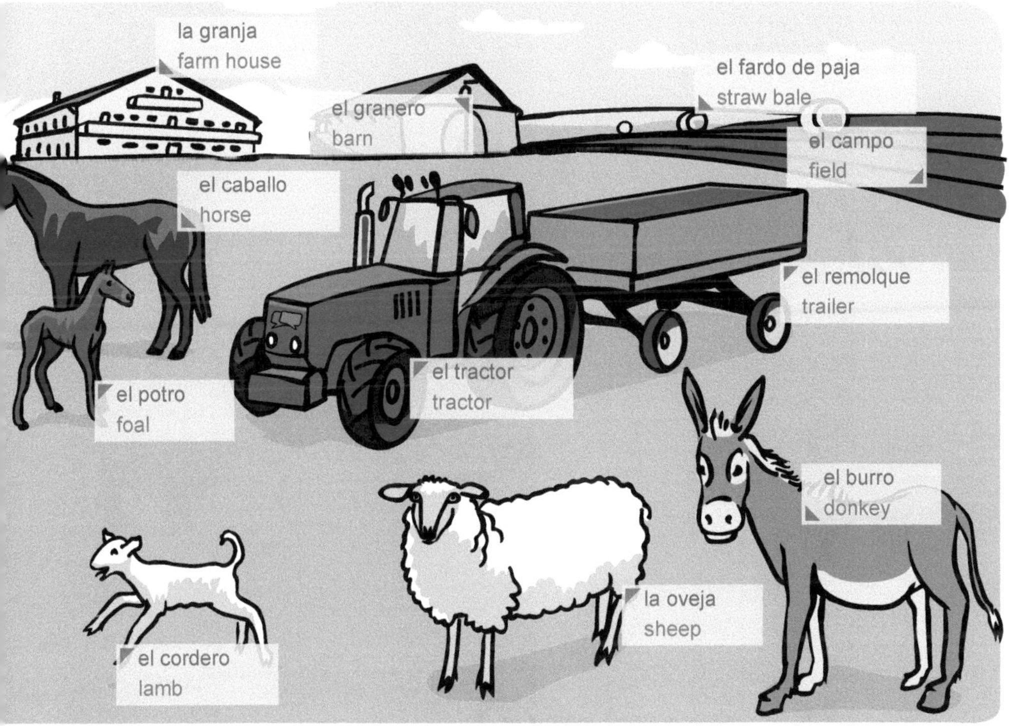

la granja
farm house
el granero
barn
el fardo de paja
straw bale
el campo
field
el caballo
horse
el remolque
trailer
el tractor
tractor
el potro
foal
el burro
donkey
la oveja
sheep
el cordero
lamb

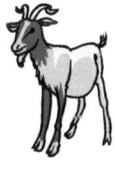

la cabra
goat

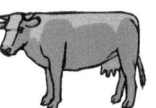

la vaca
cow

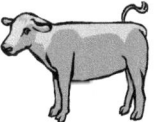

el ternero
calf

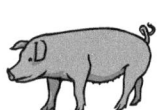

el cerdo
pig

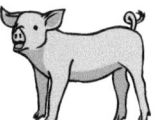

el cerdito
piglet

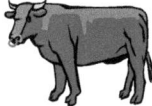

el toro
bull

el ganso

goose

el pato

duck

el pollo

chick

la gallina

hen

el gallo

cockerel

la rata

rat

el gato

cat

el ratón

mouse

el buey

ox

el perro

dog

la perrera

dog house

la manguera

garden hose

la regadera

watering can

la guadaña

scythe

el arado

plow

la hoz

sickle

la azada

hoe

la horca

pitchfork

el hacha

axe

la carretilla

pushcart

el abrevadero

trough

la lechera

milk can

el saco

sack

la valla

fence

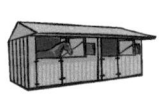

el establo

stable

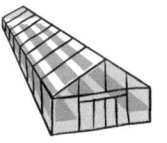

el invernadero

greenhouse

el suelo

soil

la semilla

seed

el fertilizador

fertilizer

la cosechadora

combine harvester

cosechar

harvest

la cosecha

harvest

el ñame

yams

el trigo

wheat

el soja

soya

la patata

potato

el maíz

corn

la semilla de colza

rapeseed

el árbol frutal

fruit tree

la mandioca

manioc

las cereales

grain

la casa
house

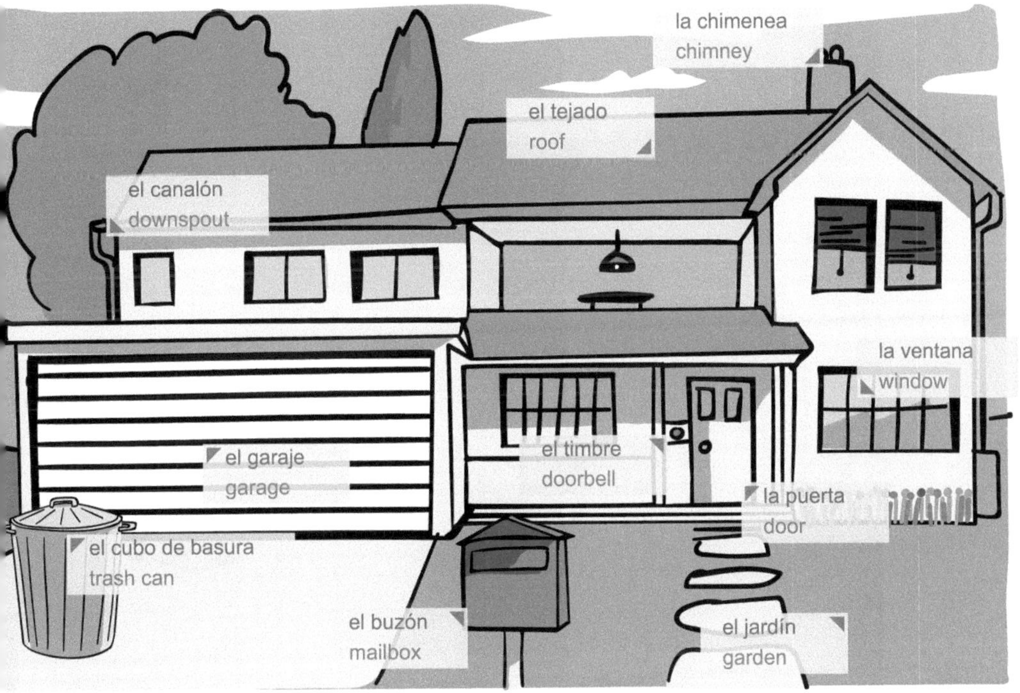
la chimenea
chimney
el tejado
roof
el canalón
downspout
la ventana
window
el garaje
garage
el timbre
doorbell
la puerta
door
el cubo de basura
trash can
el buzón
mailbox
el jardín
garden

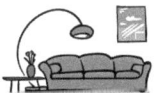

la sala

living room

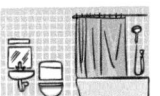

el cuarto de baño

bathroom

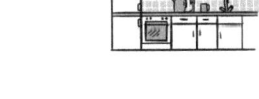

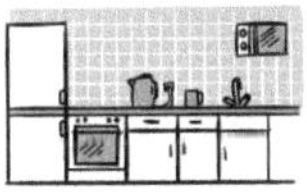

la cocina

kitchen

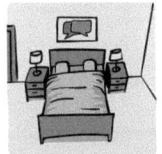

el dormitorio

bedroom

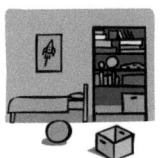

la habitación de los niños

kids room

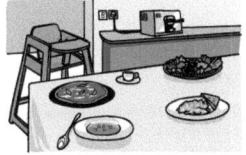

el comedor

dining room

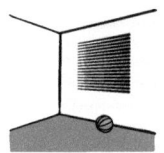

el suelo
floor

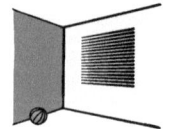

la pared
wall

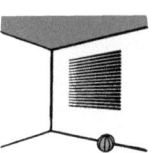

el techo
ceiling

el sótano
cellar

la sauna
sauna

el balcón
balcony

la terraza
terrace

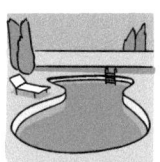

la piscina
pool

el cortacésped
lawn mower

la sábana
sheet

la colcha
bedspread

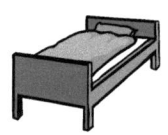

la cama
bed

la escoba
broom

el balde
bucket

el interruptor
switch

la sala

living room

el papel pintado
wallpaper
la imagen
picture
la lámpara
lamp
el estante
shelf
el armario
cabinet
la televisión
television
la chimenea
fireplace
la flor
flower
el cojín
cushion
el sofá
sofa
el jarrón
vase
el mando a distancia
remote control

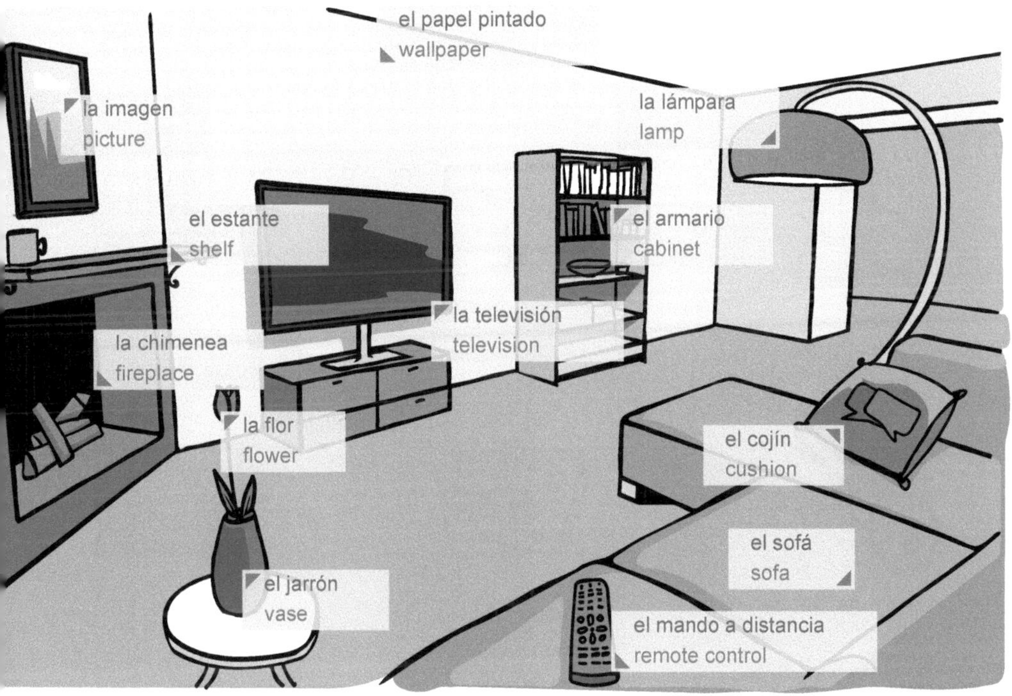

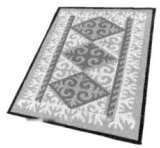

la alfombra

carpet

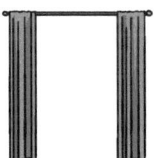

la cortina

drape

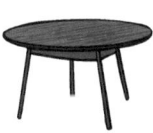

la mesa

table

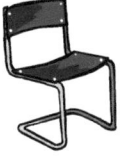

la silla

chair

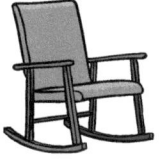

el mecedora

rocking chair

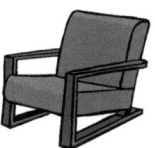

la butaca

armchair

el libro

book

la manta

blanket

la decoración

decoration

la leña

firewood

la película

film

el equipo de música

stereo system

la llave

key

el periódico

newspaper

la pintura

painting

el póster

poster

la radio

radio

el cuaderno

notebook

la aspiradora

vacuum cleaner

el cactus

cactus

la vela

candle

la cocina
kitchen

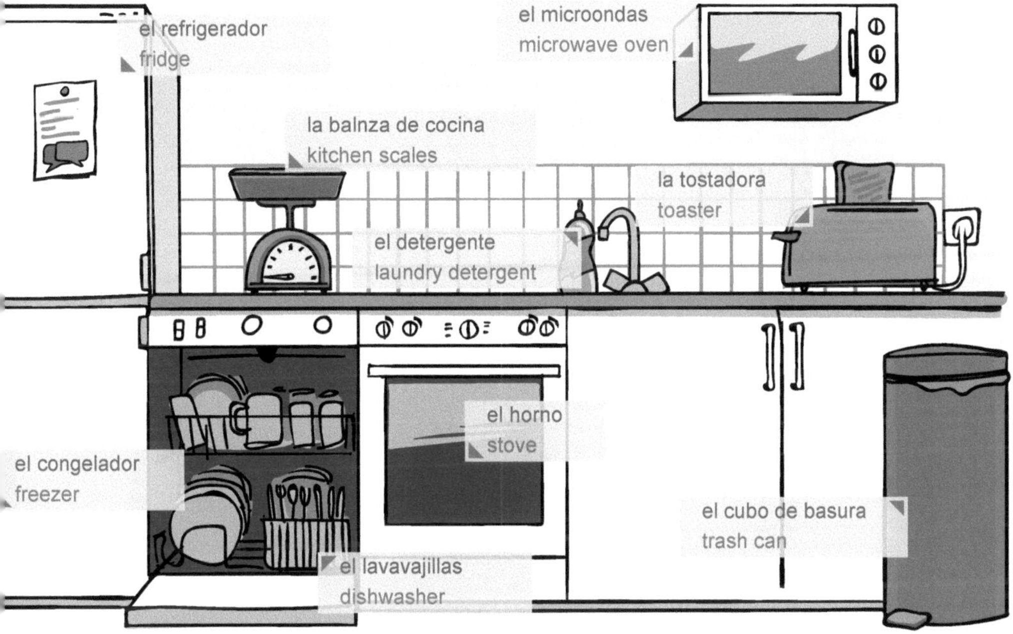
el refrigerador
fridge
el microondas
microwave oven
la balnza de cocina
kitchen scales
la tostadora
toaster
el detergente
laundry detergent
el horno
stove
el congelador
freezer
el cubo de basura
trash can
el lavavajillas
dishwasher

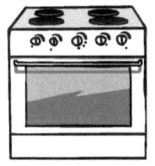

la olla a presión

cooker

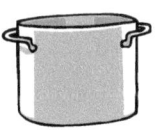

la olla

pot

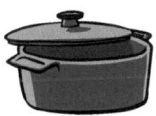

la olla de hierro fundido

cast-iron pot

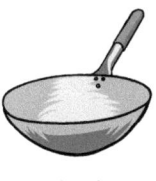

el wok

wok / kadai

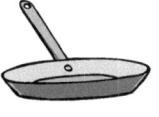

la cazuela

pan

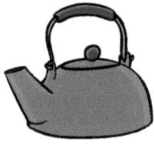

el hervidor

kettle

la vaporera

steamer

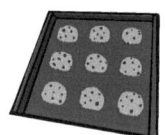

la chapa de horno

baking tray

la vajilla

crockery

la taza

mug

el tazón

bowl

los palillos

chopsticks

el cucharón

ladle

la espumadera

spatula

el batidor

whisk

el colador

strainer

el cedazo

sieve

el rallador

grater

el mortero

mortar

la barbacoa

barbecue

la hoguera

fireplace

la cocina - kitchen

la tabla de picar

chopping board

el rodillo

rolling pin

el sacacorchos

corkscrew

la lata

can

el abrelatas

can opener

el agarrador

oven cloth

el lavabo

sink

el cepillo

brush

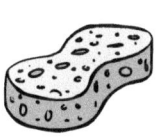

la esponja

sponge

la batidora

blender

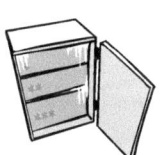

el congelador

deep freezer

el biberón

baby bottle

el grifo

tap

el cuarto de baño
bathroom

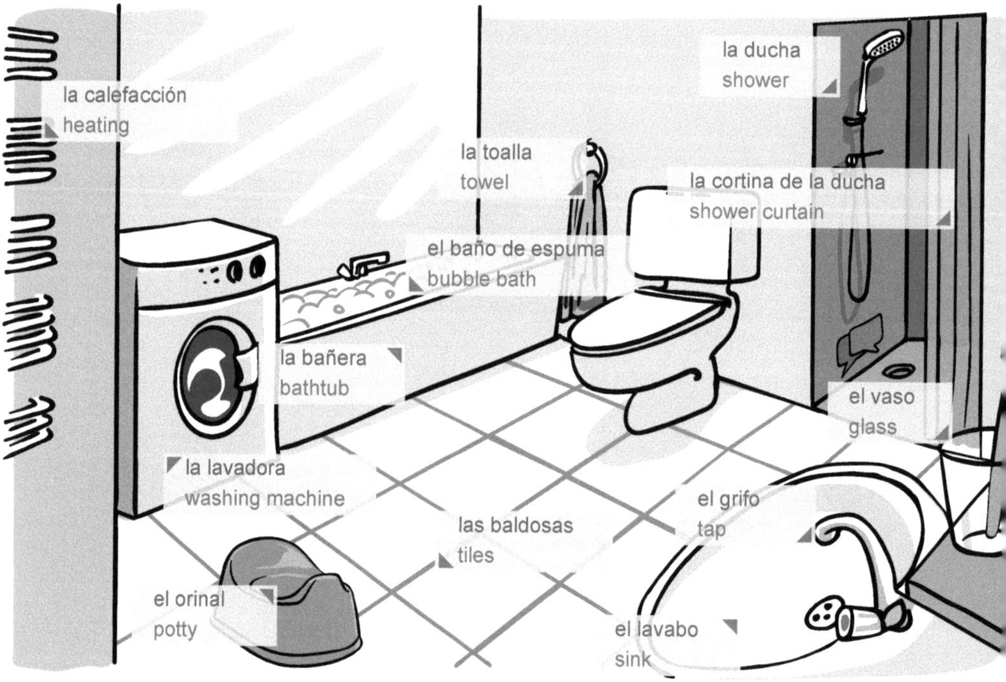
la calefacción
heating
la ducha
shower
la toalla
towel
la cortina de la ducha
shower curtain
el baño de espuma
bubble bath
la bañera
bathtub
el vaso
glass
la lavadora
washing machine
el grifo
tap
las baldosas
tiles
el orinal
potty
el lavabo
sink

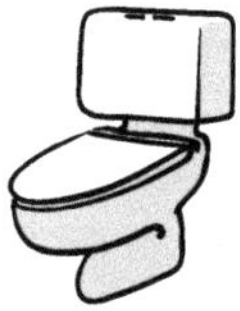

el inodoro

toilet

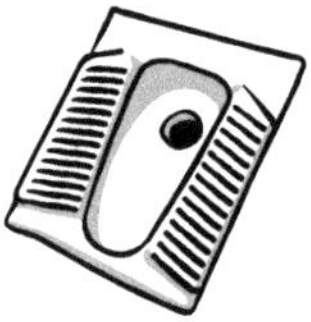

el inodoro rústico

squat toilet

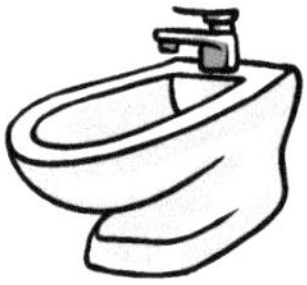

el bidé

bidet

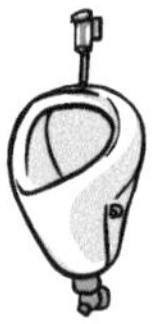

el urinario

urinal

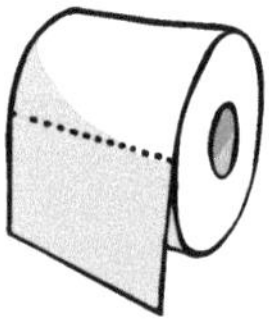

el papel higiénico

toilet paper

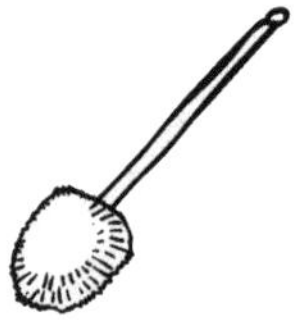

la escobilla del váter

toilet brush

el cepillo de dientes

toothbrush

la pasta de dientes

toothpaste

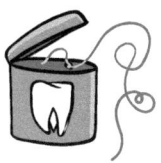

el hilo dental

dental floss

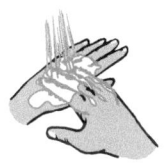

lavar

wash

la ducha de mano

hand shower

la ducha íntima

douche

la pila

basin

el cepillo de espalda

back brush

el jabón

soap

el gel de ducha

shower gel

el champú

shampoo

la toallita

flannel

el desagüe

drain

la crema

creme

el desodorante

deodorant

el espejo

mirror

el espejo de tocador

hand mirror

la maquinilla de afeitar

razor

la espuma de afeitar

shaving foam

la loción postafeitado

aftershave

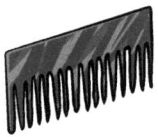

el peine

comb

el cepillo

brush

el secador

hair-dryer

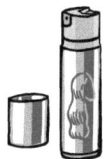

la laca

hairspray

el maquillaje

makeup

el pintalabios

lipstick

el pintauñas

nail varnish

el algodón

cotton wool

el cortauñas

nail scissors

el perfume

perfume

el estuche de viaje

washbag

la banqueta

stool

la balanza

weighing scales

el albornoz

bathrobe

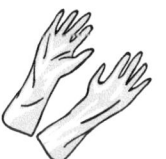

los guantes de goma

rubber gloves

el tampón

tampon

la compresa

sanitary towel

el inodoro químico

chemical toilet

la habitación de los niños

kids room

el despertador
alarm clock
el peluche
cuddly toy
el coche de juguete
toy car
el sonajero
rattle
la casa de muñecas
doll's house
el regalo
present

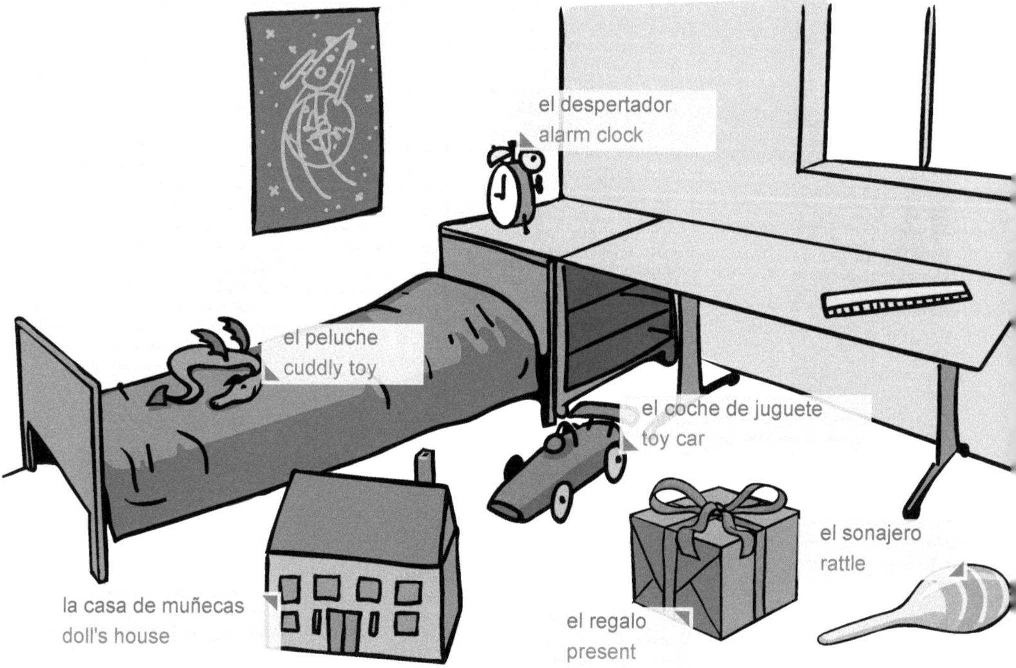

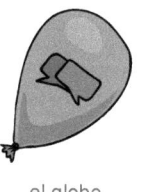

el globo

balloon

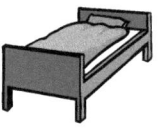

la cama

bed

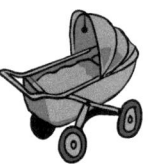

el coche de niño

stroller

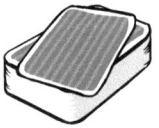

los naipes

deck of cards

el puzle

jigsaw

SUPER MEGA

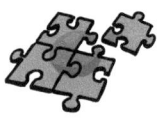

el tebeo

comic

las piezas de lego

lego bricks

los bloques de juguete

toy blocks

la figura de acción

action figure

el bodi (de bebé)

romper suit

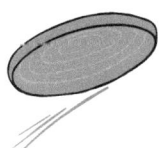

el frisbee

frisbee

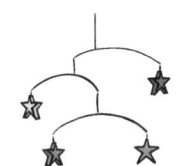

el colgador móvil para bebés

mobile

el juego de mesa

board game

los dados

dice

el circuito de tren eléctrico

model train set

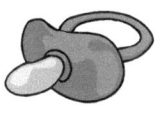

el maniquí

pacifier

la fiesta

party

el álbum de fotos

picture book

la pelota

ball

la muñeca

doll

jugar

play

el cajón de arena

sandpit

el columpio

swing

los juguetes

toys

la videoconsola

video game console

el triciclo

tricycle

el oso de peluche

teddy bear

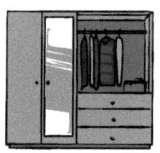

la guardarropa

wardrobe

la ropa
clothing

los calcetines

socks

las medias

stockings

los leotardos

tights

la bufanda
scarf

el paraguas
umbrella

la camiseta
t-shirt

el cinturón
belt

las botas
boots

las zapatillas
slippers

las deportivas
sneakers

las sandalias
sandals

los zapatos
shoes

las botas de goma
rubber boots

el slip
underwear

el sostén
bra

el chaleco
undershirt

la ropa - clothing

el bodi
body

los pantalones cortos
pants

los vaqueros
jeans

la falda
skirt

la blusa
blouse

la camisa
shirt

el jersey
pullover

el suéter
sweater

el blazer
blazer

la chaqueta
jacket

el abrigo
coat

la gabardina
raincoat

el traje
costume

el vestido
dress

el vestido de novia
wedding dress

el traje

suit

el camisón

nightgown

el pijama

pajamas

el sati

sari

el bandana

headscarf

el turbante

turban

la burka

burka

el caftán

kaftan

la abaya

abaya

el traje de baño

swimsuit

el bañador

trunks

los pantalones cortos

shorts

el chándal

tracksuit

el delantal

apron

los guantes

gloves

el botón

button

las gafas

glasses

el brazalete

bracelet

el collar

necklace

el anillo

ring

el pendiente

earring

la gorra

cap

la percha

coat hanger

el sombrero

hat

la corbata

tie

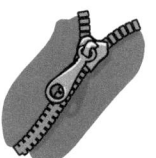

la cremallera

zip

el casco

helmet

los tirantes

braces

el uniforme

school uniform

el uniforme

uniform

el babero
bib

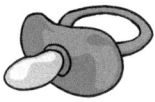

el maniquí
pacifier

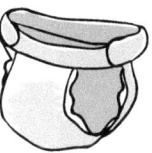

el pañal
diaper

la oficina
office

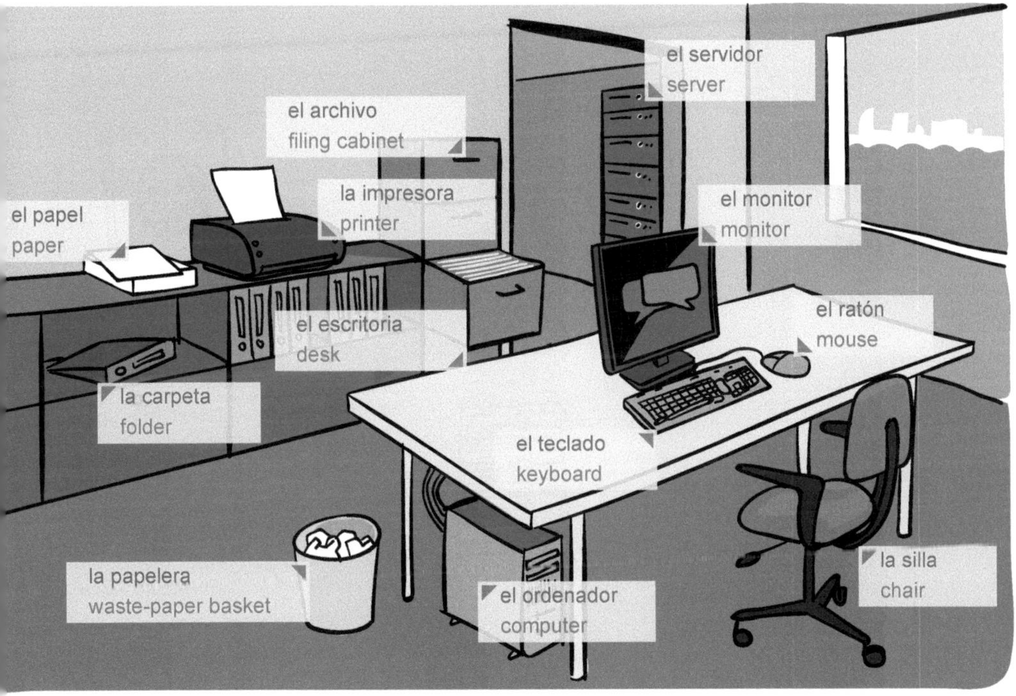

el servidor
server

el archivo
filing cabinet

la impresora
printer

el papel
paper

el monitor
monitor

el escritoria
desk

el ratón
mouse

la carpeta
folder

el teclado
keyboard

la papelera
waste-paper basket

la silla
chair

el ordenador
computer

la taza de café
coffee mug

la calculadora
calculator

el internet
internet

el portátil

laptop

la carta

letter

el mensaje

message

el móvil

cell phone

la red

network

la fotocopiadora

photocopier

el software

software

el teléfono

telephone

la toma de corriente

plug socket

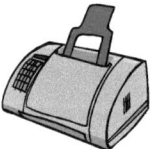

el fax

fax machine

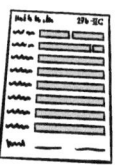

el formulario

form

el documento

document

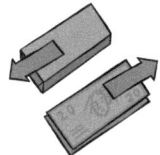

comprar
buy

pagar
pay

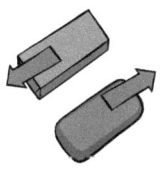

comerciar
trade

el dinero
money

el dólar
dollar

el euro
euro

el yen
yen

el rublo
rouble

el franco suizo
Swiss franc

el renminbi yuan
renminbi yuan

la rupia
rupee

el cajero automático
cash point

la oficina de cambio de divisas

currency exchange office

el oro

gold

la plata

silver

el petróleo

oil

la energía

energy

el precio

price

el contrato

contract

el impuesto

tax

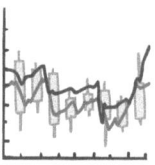

la acción

stock

trabajar

work

el empleador

employee

el empleador

employer

la fábrica

factory

la tienda de campaña

shop

los oficios
occupations

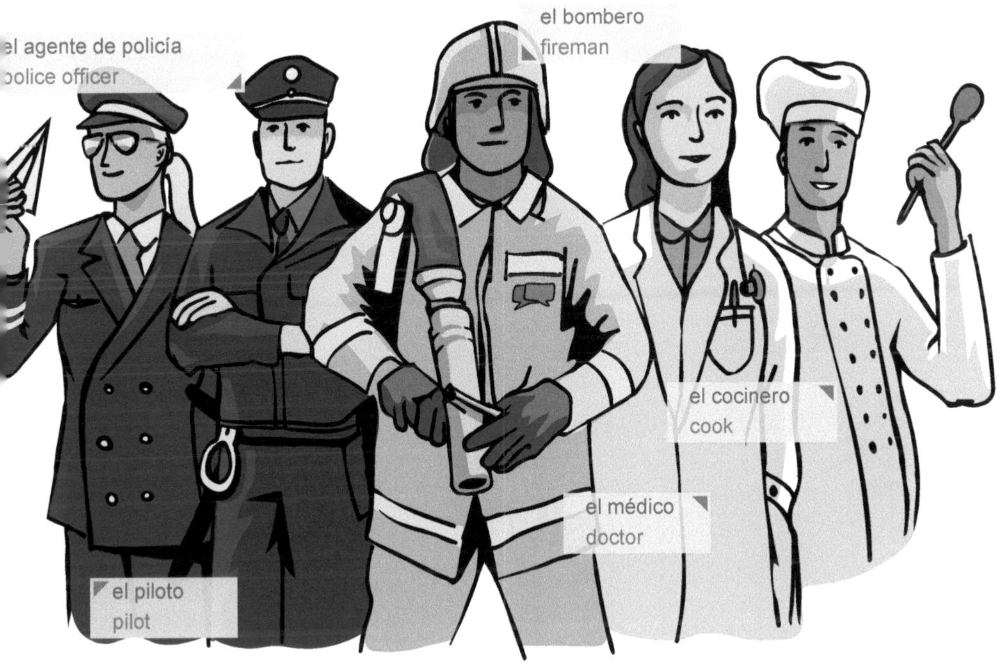

el agente de policía
police officer
el bombero
fireman
el cocinero
cook
el médico
doctor
el piloto
pilot

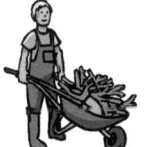

el jardinero

gardener

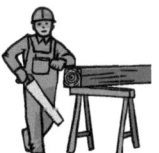

el carpintero

carpenter

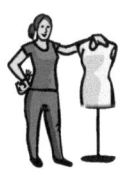

la costurera

seamstress

el juez

judge

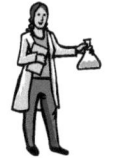

el farmacéutico

chemist

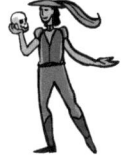

el actor

actor

el conductor de autobús

bus driver

el taxista

taxi driver

el pescador

fisherman

la señora de la limpieza

cleaning lady

el techador

roofer

el camarero

waiter

el cazador

hunter

el pintor

painter

el panadero

baker

el electricista

electrician

el obrero

builder

el ingeniero

engineer

el carnicero

butcher

el fontanero

plumber

el cartero

postman

los oficios - occupations

el soldado
soldier

el arquitecto
architect

el cajero
cashier

el florista
florist

el peluquero
hairdresser

el revisor
conductor

el mecánico
mechanic

el capitán
captain

el dentista
dentist

el científico
scientist

el rabino
rabbi

el imán
imam

el monje
monk

el sacerdote
pastor

las herramientas
tools

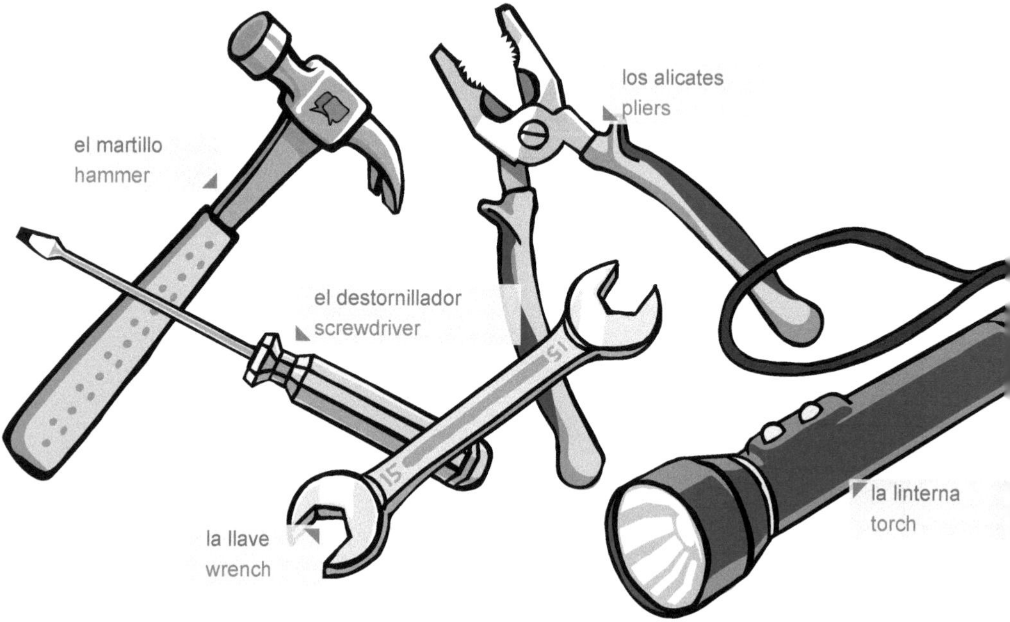
el martillo
hammer
los alicates
pliers
el destornillador
screwdriver
la linterna
torch
la llave
wrench

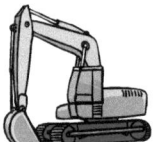

la excavadora

excavator

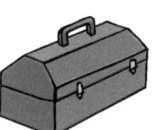

la caja de herramientas

toolbox

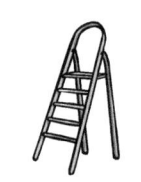

la escalera de mano

ladder

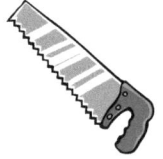

la sierra

saw

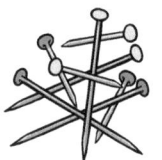

los clavos

nails

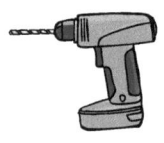

el taladro

drill

reparar
repair

la pala
shovel

¡Maldita sea!
Damn!

el recogedor
dustpan

el bote de pintura
paint can

los tornillos
screws

los instrumentos musicales
musical instruments

el altavoz
loud speaker

la batería
drum set

la guitarra
guitar

el contrabajo
double bass

la trompeta
trumpet

el piano

piano

el violín

violin

bajo

bass

los timbales

timpani

el tambor

drums

el teclado

keyboard

el saxofón

saxophone

la flauta

flute

el micrófono

microphone

el zoo

zoo

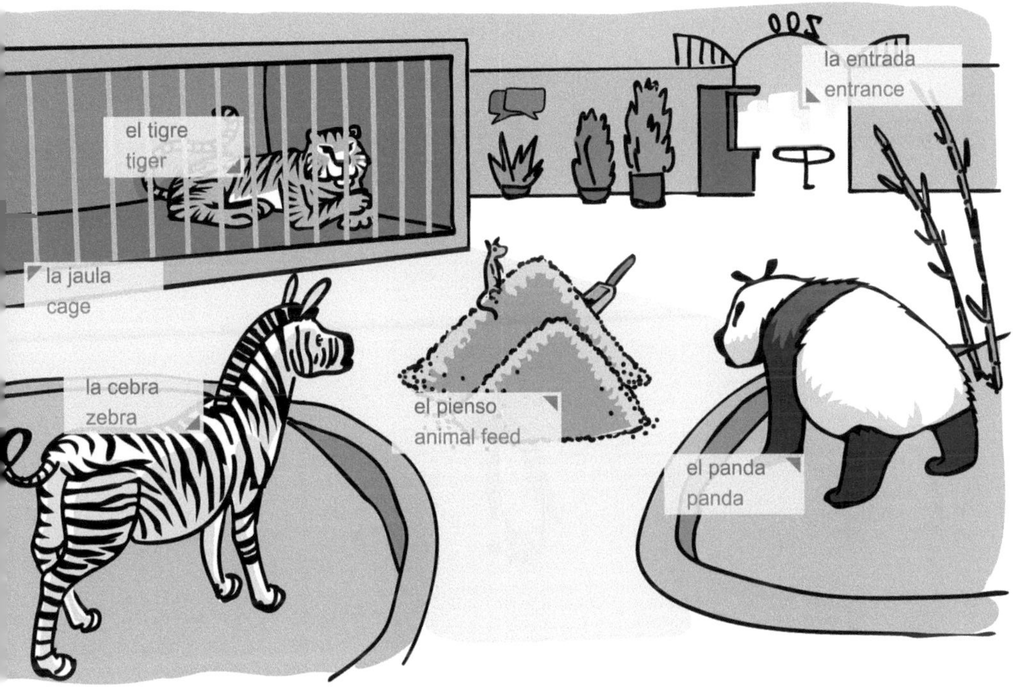

la entrada
entrance
el tigre
tiger
la jaula
cage
la cebra
zebra
el pienso
animal feed
el panda
panda

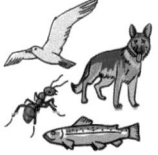

los animales

animals

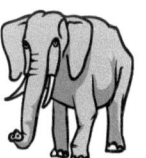

el elefante

elephant

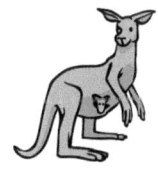

el canguro

kangaroo

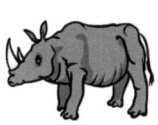

el rinoceronte

rhino

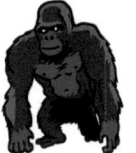

el gorila

gorilla

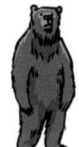

el oso

bear

el camello

camel

el avestruz

ostrich

el león

lion

el mono

monkey

el flamingo

flamingo

el loro

parrot

el oso polar

polar bear

el pingüino

penguin

el tiburón

shark

el pavo real

peacock

la serpiente

snake

el cocodrilo

crocodile

el guardián de zoológico

zookeeper

la foca

seal

el jaguar

jaguar

el poni

pony

el leopardo

leopard

el hipopótamo

hippo

la jirafa

giraffe

el águila

eagle

el jabalí

boar

el pescado

fish

la tortuga

turtle

la morsa

walrus

el zorro

fox

la gacela

gazelle

el fútbol americano
American football

el ciclismo
cycling

el tenis
tennis

el baloncesto
basketball

la natación
swimming

el boxeo
boxing

el hockey sobre hielo
ice hockey

el fútbol
soccer

el bádminton
badminton

el atletismo
athletics

el balonmano
handball

el esquí
skiing

el polo
polo

reír
laugh

saltar
jump

abrazar
hug

caminar
walk

cantar
sing

soñar
dream

rezar
pray

besar
kiss

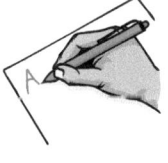

escribir

write

dibujar

draw

mostrar

show

empujar

push

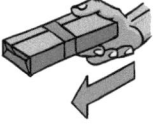

dar

give

tomar

take

tener

have

hacer

do

ser

be

estar de pie

stand

correr

run

tirar

pull

tirar

throw

caer

fall

yacer

lie

esperar

wait

llevar

carry

estar sentado

sit

vestirse

get dressed

dormir

sleep

despertar

wake up

mirar

look at

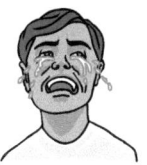

llorar

cry

acariciar

stroke

peinar

comb

hablar

talk

entender

understand

preguntar

ask

escuchar

listen

beber

drink

comer

eat

ordenar

tidy up

amar

love

cocinar

cook

conducir

drive

volar

fly

las actividades - activities

65

navegar

sail

calcular

calculate

leer

read

aprender

learn

trabajar

work

casarse

marry

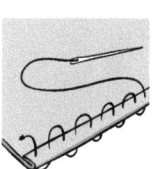

coser

sew

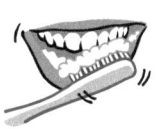

cepillarse los dientes

brush teeth

matar

kill

fumar

smoke

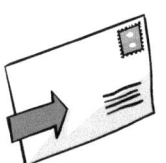

enviar

send

la familia

family

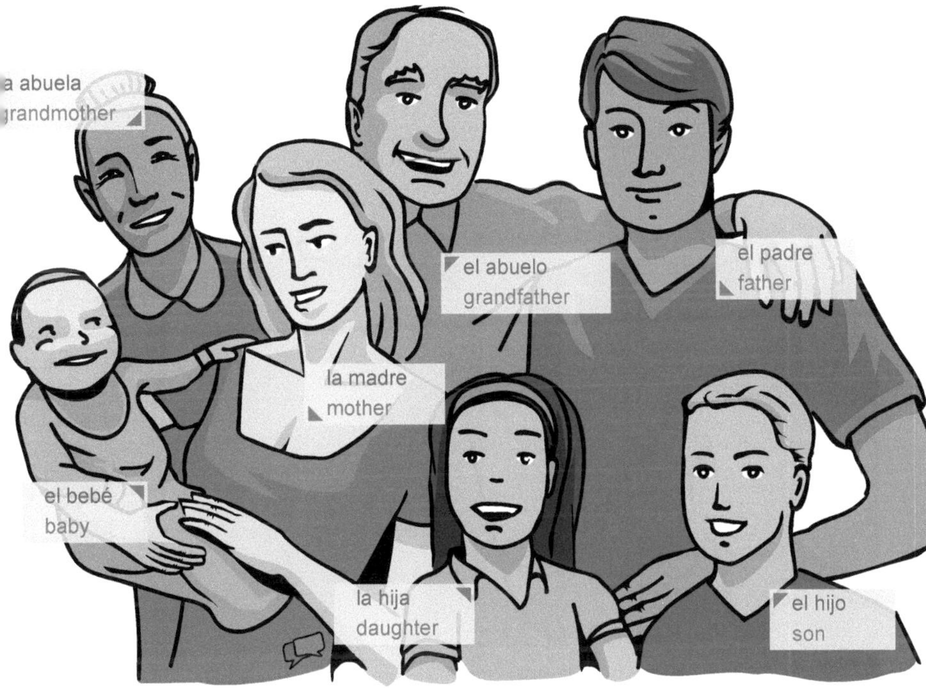
a abuela
grandmother
el abuelo
grandfather
el padre
father
la madre
mother
el bebé
baby
la hija
daughter
el hijo
son

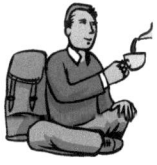

el invitado

guest

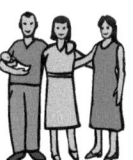

la tía

aunt

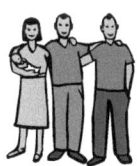

el tío

uncle

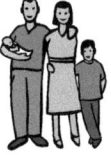

el hermano

brother

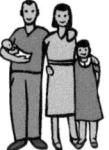

la hermana

sister

el cuerpo
body

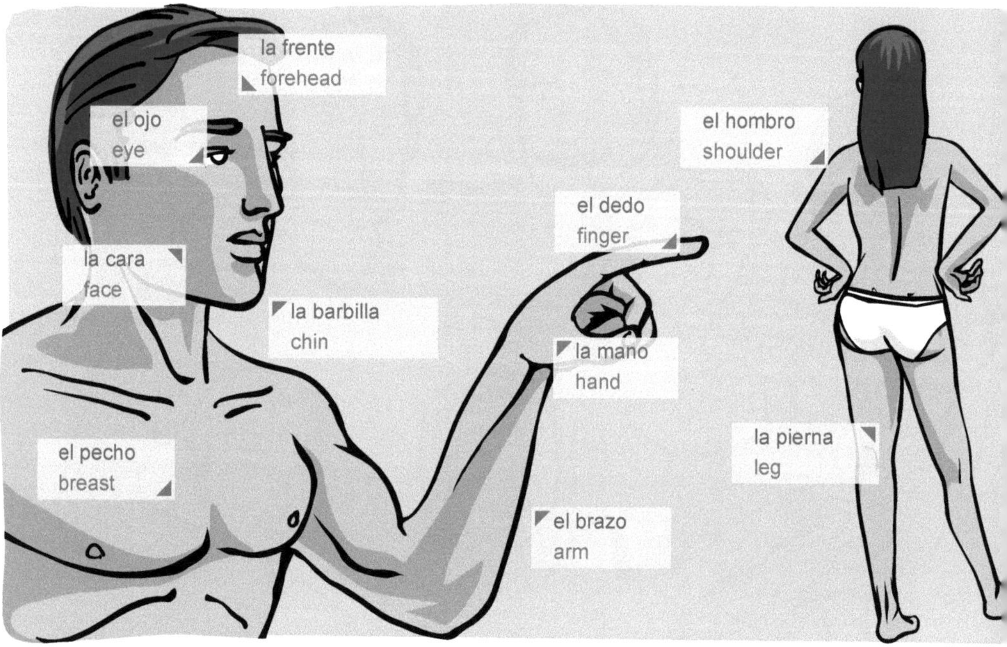

la frente
forehead

el ojo
eye

el hombro
shoulder

el dedo
finger

la cara
face

la barbilla
chin

la mano
hand

el pecho
breast

la pierna
leg

el brazo
arm

el bebé

baby

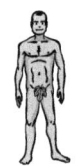

el hombre

man

la mujer

woman

la chica

girl

el chico

boy

la cabeza

head

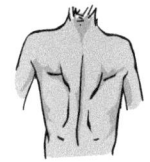

la espalda
....
back

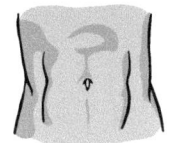

el vientre
....
belly

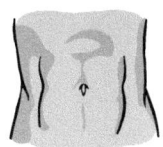

el ombligo
....
navel

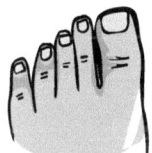

el dedo del pie
....
toe

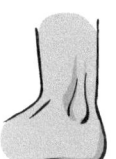

el talón
....
heel

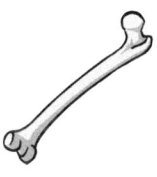

el hueso
....
bone

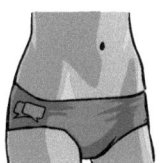

la cadera
....
hip

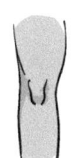

la rodilla
....
knee

el codo
....
elbow

la nariz
....
nose

el trasero
....
buttocks

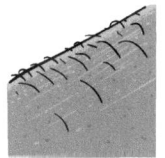

la piel
....
skin

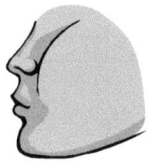

la mejilla
....
cheek

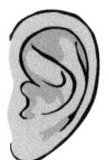

el oído
....
ear

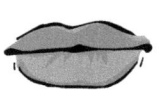

el labio
....
lip

el cuerpo - body

69

la boca

mouth

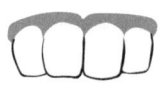

el diente

tooth

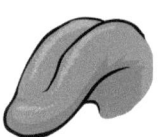

la lengua

tongue

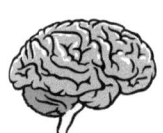

el cerebro

brain

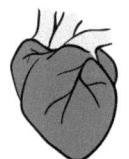

el corazón

heart

el músculo

muscle

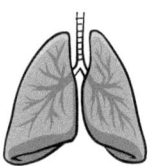

el pulmón

lung

el hígado

liver

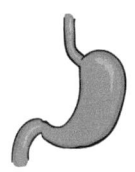

el estómago

stomach

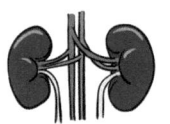

los riñones

kidneys

el sexo

sex

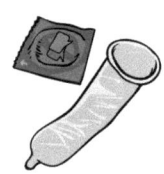

el condón

condom

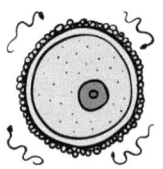

el ovario

ovum

el semen

semen

el embarazo

pregnancy

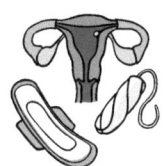

la menstruación

menstruation

la vagina

vagina

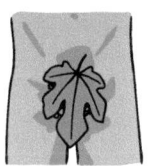

el pene

penis

la ceja

eyebrow

el pelo

hair

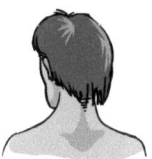

el cuello

neck

el hospital
hospital

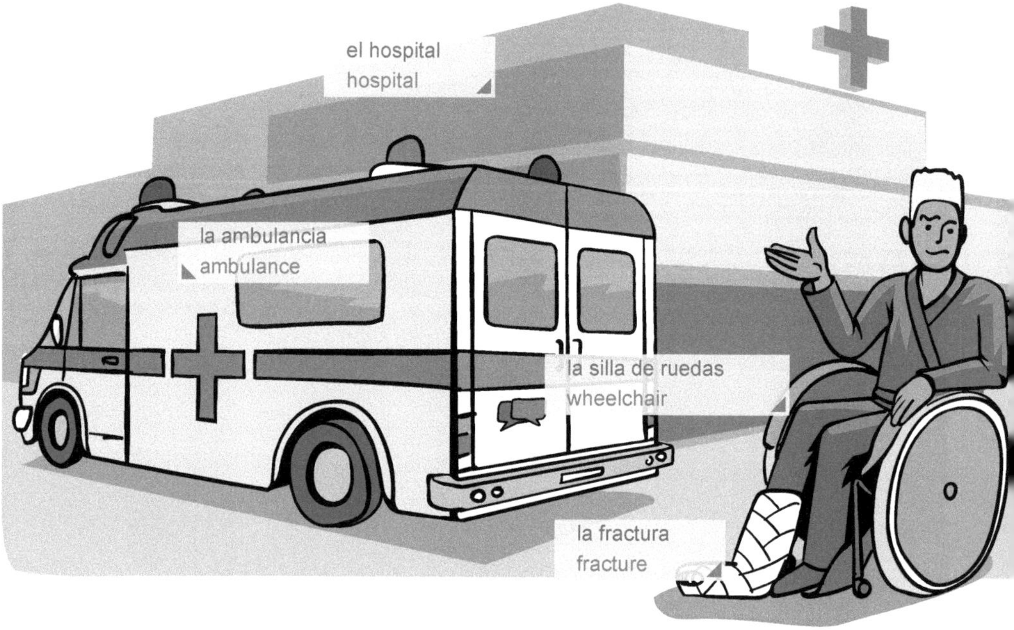

el hospital
hospital
la ambulancia
ambulance
la silla de ruedas
wheelchair
la fractura
fracture

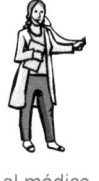

el médico

doctor

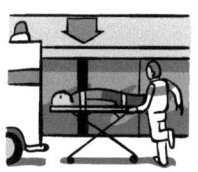

la sala de urgencias

emergency room

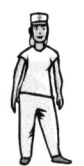

la enfermera

nurse

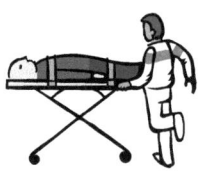

la urgencia

emergency

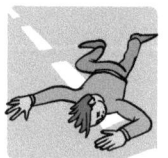

inconsciente

unconscious

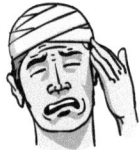

el dolor

pain

la lesión

injury

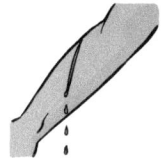

la hemorragia

bleeding

el infarto

heart attack

el ictus

stroke

la alergia

allergy

la tos

cough

la fiebre

fever

la gripe

flu

la diarrea

diarrhea

el dolor de cabeza

headache

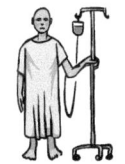

el cáncer

cancer

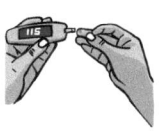

la diabetes

diabetes

el cirujano

surgeon

el bisturí

scalpel

la operación

operation

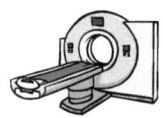

TAC

CT

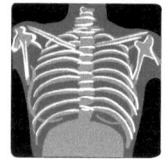

los rayos x

x-ray

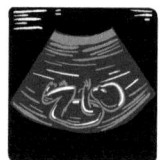

el ultrasonido

ultrasound

la mascarilla

face mask

la enfermedad

disease

la sala de espera

waiting room

la muleta

crutch

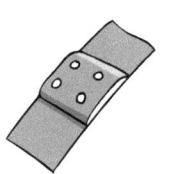

la tirita

plaster

la venda

bandage

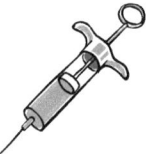

la inyección

injection

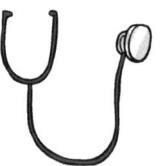

el estetoscopio

stethoscope

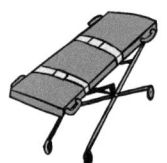

la camilla

stretcher

el termómetro

clinical thermometer

el nacimiento

birth

el sobrepeso

overweight

el audífono

hearing aid

el desinfectante

disinfectant

la infección

infection

el virus

virus

VIH / SIDA

HIV / AIDS

la medicina

medicine

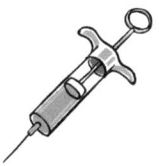

la vacunación

vaccination

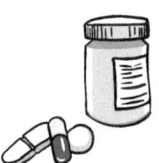

las tabletas

tablets

la pastilla

pill

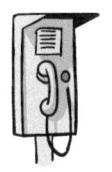

la llamada de urgencia

emergency call

el tensiómetro

blood pressure monitor

enfermo / sano

ill / healthy

¡Socorro!

Help!

el asalto

assault

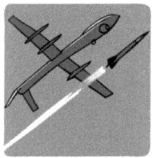

el ataque

attack

el peligro

danger

la salida de emergencia

emergency exit

¡Fuego!

Fire!

el extintor de incendios

fire extinguisher

el accidente

accident

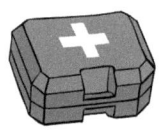

el botiquín de primeros
auxilios

first-aid kit

SOS

SOS

la policía

police

la alarma

alarm

Europa

Europe

Norteamérica

North America

Sudamérica

South America

África

Africa

Asia

Asia

Australia

Australia

el atlántico

Atlantic

el Pacífico

Pacific

el Océano Índico

Indian Ocean

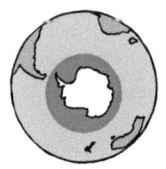

el Océano Antártico

Antarctic Ocean

el Océano Ártico

Arctic Ocean

el polo norte

North pole

el polo sur

South pole

La Antártida

Antarctica

la tierra

earth

la tierra

land

el mar

sea

la isla

island

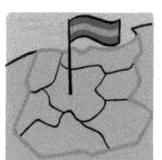

la nación

nation

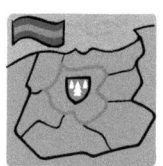

el estado

state

la esfera

clock face

la manecilla de las horas

hour hand

el minutero

minute hand

el segundero

second hand

¿Qué hora es?

What time is it?

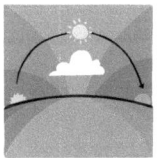

el día

day

el tiempo

time

ahora

now

el reloj digital

digital watch

el minuto

minute

la hora

hour

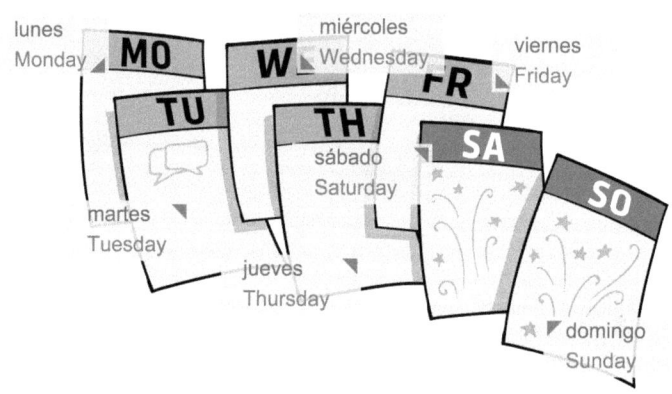

lunes
Monday

miércoles
Wednesday

viernes
Friday

martes
Tuesday

jueves
Thursday

sábado
Saturday

domingo
Sunday

ayer

yesterday

hoy

today

mañana

tomorrow

la mañana

morning

el mediodía

noon

la tarde

evening

los días laborables

workdays

el fin de semana

weekend

el año
year

la lluvia
rain
el arcoíris
rainbow
la nieve
snow
el viento
wind
la primavera
spring
el otoño
fall
el verano
summer
el invierno
winter

4.APRIL 11°
5.APRIL 4°
6.APRIL 13°
7.APRIL 8°
8.APRIL 10°

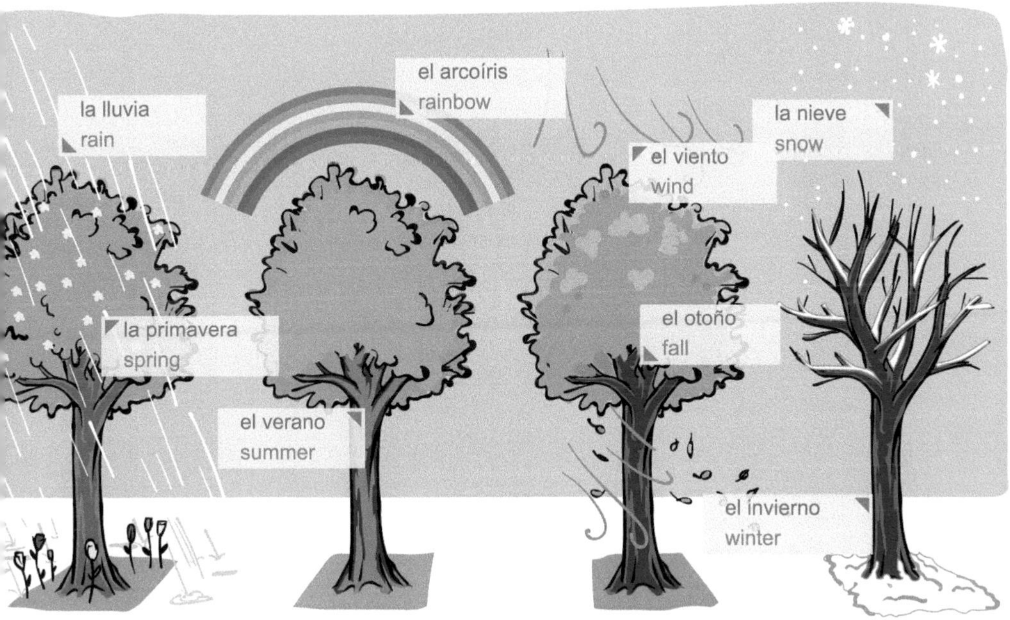

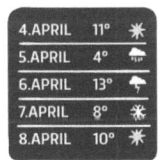

el pronóstico del tiempo

weather forecast

F
C
120
90
60
30
0
-30
40
30
20
10
0
-10
-20

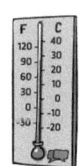

el termómetro

thermometer

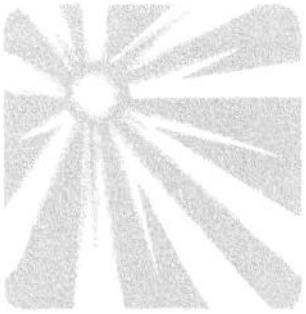

el sol

sunshine

la nube

cloud

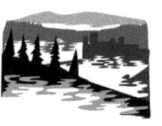

la niebla

fog

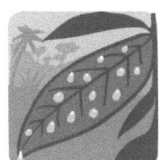

la humedad

humidity

el rayo

lightning

el trueno

thunder

la tormenta

storm

el granizo

hail

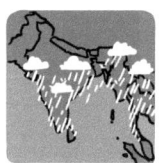

el monzón

monsoon

la inundación

flood

el hielo

ice

enero

January

febrero

February

marzo

March

abril

April

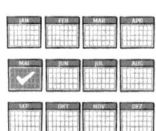

mayo

May

junio

June

julio

July

agosto

August

el año - year

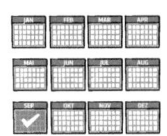

septiembre
September

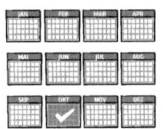

octubre
October

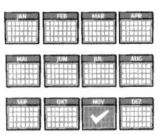

noviembre
November

diciembre
December

el círculo
circle

el cuadrado
square

el rectángulo
rectangle

el triángulo
triangle

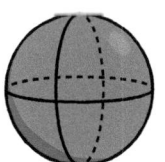

la esfera
sphere

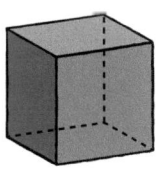

el cubo
cube

blanco

white

amarillo

yellow

anaranjado

orange

rosa

pink

rojo

red

morado

purple

azul

blue

verde

green

marrón

brown

gris

gray

negro

black

mucho / poco

a lot / a little

enojado / tranquilo

angry / calm

bonito / feo

beautiful / ugly

principio / fin

beginning / end

grande / pequeño

big / small

claro / oscuro

bright / dark

el hermano / la hermana

brother / sister

limpio / sucio

clean / dirty

completo / incompleto

complete / incomplete

el día / la noche

day / night

muerto / vivo

dead / alive

ancho / estrecho

wide / narrow

comestible / no comestible
....
edible / inedible

malo / amable
....
evil / kind

entusiasmado / aburrido
....
excited / bored

gordo / delgado
....
fat / thin

primero / último
....
first / last

el amigo / el enemigo
....
friend / enemy

lleno / vacío
....
full / empty

duro / blando
....
hard / soft

pesado / ligero
....
heavy / light

el hambre / la sed
....
hunger / thirst

enfermo / sano
....
ill / healthy

ilegal / legal
....
illegal / legal

inteligente / tonto
....
intelligent / stupid

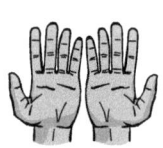

izquierda / derecha
....
left / right

cerca / lejos
....
near / far

nuevo / usado

new / used

nada / algo

nothing / something

viejo / joven

old / young

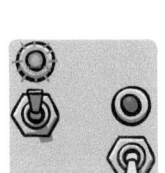

encendido / apagado

on / off

abierto / cerrado

open / closed

silencioso / ruidoso

quiet / loud

rico / pobre

rich / poor

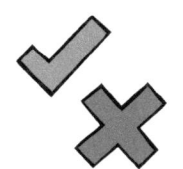

correcto / incorrecto

right / wrong

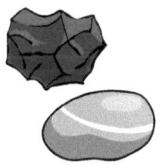

áspero / suave

rough / smooth

triste / contento

sad / happy

corto / largo

short / long

lento / rápido

slow / fast

húmedo / seco

wet / dry

cálido / frío

warm / cool

guerra / paz

war / peace

0

cero
zero

1

uno
one

2

dos
two

3

tres
three

4

cuatro
four

5

cinco
five

6

seis
six

7

siete
seven

8

ocho
eight

9

nueve
nine

10

diez
ten

11

once
eleven

12

doce
....
twelve

13

trece
....
thirteen

14

catorce
....
fourteen

15

quince
....
fifteen

16

dieciséis
....
sixteen

17

diecisiete
....
seventeen

18

dieciocho
....
eighteen

19

diecinueve
....
nineteen

20

veinte
....
twenty

100

cien
....
hundred

1.000

mil
....
thousand

1.000.000

el millón
....
million

el inglés

English

el inglés americano

American English

el chino madarín

Chinese Mandarin

el hindi

Hindi

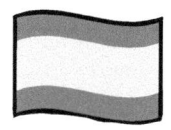

el español

Spanish

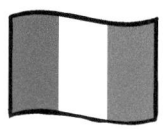

el francés

French

el árabe

Arabic

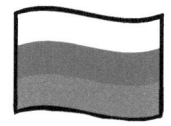

el ruso

Russian

el portugués

Portuguese

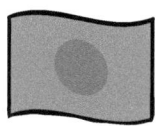

el bengalí

Bengali

el alemán

German

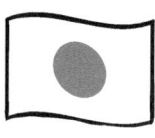

el japonés

Japanese

yo

I

tú

you

él / ella / ello

he / she / it

nosotros/as

we

vosotros/as

you

ellos/as

they

¿quién?

who?

¿qué?

what?

¿cómo?

how?

¿dónde?

where?

¿cuándo?

when?

el nombre

name

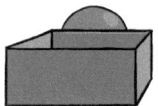

detrás

behind

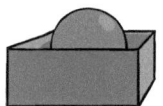

en

in

delante de

in front of

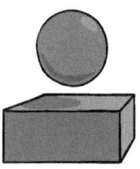

por encima de

over

sobre

on

debajo de

under

junto a

beside

entre

between

el lugar

place